BEI GRIN MACHT SICH IHR WISSEN BEZAHLT

- Wir veröffentlichen Ihre Hausarbeit,
  Bachelor- und Masterarbeit

- Ihr eigenes eBook und Buch -
  weltweit in allen wichtigen Shops

- Verdienen Sie an jedem Verkauf

Jetzt bei www.GRIN.com hochladen und kostenlos publizieren

Einführung in die Psychologie. Ein ausgewählter Überblick

Psychologische Forschungsmethoden, bildgebende Verfahren und die Auswirkungen der Digitalisierung auf das menschliche Erleben und Verhalten

GRIN

Bibliografische Information der Deutschen Nationalbibliothek:

Die Deutsche Nationalbibliothek verzeichnet diese Publikation in der Deutschen Nationalbibliografie; detaillierte bibliografische Daten sind im Internet über http://dnb.d-nb.de abrufbar.

ISBN: 9783346420879
Dieses Buch ist auch als E-Book erhältlich.

Druck und Bindung: Books on Demand GmbH, Norderstedt Germany
Gedruckt auf säurefreiem Papier aus verantwortungsvollen Quellen

Das vorliegende Werk wurde sorgfältig erarbeitet. Dennoch übernehmen Autoren und Verlag für die Richtigkeit von Angaben, Hinweisen, Links und Ratschlägen sowie eventuelle Druckfehler keine Haftung.

Das Buch bei GRIN: https://www.grin.com/document/1023698

Inhaltsverzeichnis

Abkürzungsverzeichnis

AV – abhängige Variable

CvK – computervermittelte Kommunikation CT –

Computertomographie fMRT – funktionelle

Magnetresonanztomographie MEG –

Magnetenzephalographie

PET – Positronen-Emissions-Tomographie

UV – unabhängige Variable

Abbildungsverzeichnis

1 Aufgabe C1

Das psychologische Experiment

Das Jahr 1879 gilt als Geburtsstunde der modernen Psychologie. In dieser Zeit wurde das erste psychologische Labor von Wilhelm Wundt errichtet, in welchem psychologische Experimente durchgeführt wurden (Assen, 2016, S. 4). Das Wort *Experiment* entspringt aus dem lateinischen *experimentum*, welches sich mit *Versuch*, *Probe*, *Erfahrung* übersetzen lässt. Wird im Alltag davon gesprochen, *ein Experiment zu machen*, bedeutet dies, dass etwas ausprobiert wird. Dabei führen die Vollziehenden die Handlung ohne einen spezifischen Plan aus (Renner, Heydasch und Ströhlein, 2012, S. 68). Das Experiment als Forschungsmethode steht konträr dazu, denn hier greift der Experimentator bewusst und gezielt ein (Huber, 2019, S. 67).

Das Experiment dient besonders der Psychologie, als empirischer Wissenschaft, methodisch zur Erkenntnisgewinnung und wird daher oft als Königsweg bezeichnet, da sich in einem Experiment besonders gut Kausalhypothesen überprüfen lassen (Huber, 2019, S. 68; Reiß & Sarris, 2012, S. 14).

In einem Experiment lassen sich immer mindestens zwei Arten von Variablenvorfinden. Die Variable X, welche zeitlich bereits vorhanden ist, und die Variable Y, welche zeitlich nachfolgend auftritt. Dabei wirkt die Variable X auf die Variable Y in Bezug auf ihre Erscheinungsform (Hussy, Schreier und Echterhoff, 2013, S. 120). In einem Experiment wird die Kausalität zwischen den unabhängigen und abhängigen Variablen erforscht, sodass offenbar wird, welche Faktoren vermutlich konstant sind (Hecht & Desnizza, 2012, S. 17). Dazu wird die unabhängige Variable (UV) systematisch durch den Experimentator variiert. Es wird beobachtet, welchen Effekt diese aktive Veränderung bei der abhängigen Variable (AV) bewirkt (Huber, 2019, S. 70). Um herauszufinden, ob die Variation der UV mit der Variation der AV einhergeht, schafft der Experimentator entweder eine Situation, welche eine künstliche Herstellung der UV bewirkt, oder es erfolgt eine Messung der natürlichen Variation in der UV (Eid, Gollwitzer und Schmitt, 2017, S. 85).

Dies erfolgt unter simultaner Kontrolle der Störvariablen (Hussy et al., 2013, S. 120). Eine Störvariable ist eine Variable, welche die AV beeinflusst. Diese Beeinflussung soll aber experimentell unterbunden werden, da ansonsten die Wirkung der UV gestört wäre (Huber, 2019, S. 117). Da es jedoch nahezu unmöglich ist, alle existierenden Störvariablen zu identifizieren und zu berücksichtigen, wird ein Experiment mit einer Randomisierung, einer zufälligen Verteilung von experimentellen Bedingungen sowie Probanden, durchgeführt. Die Randomisierung ermöglicht eine Neutralisation bzw. Elimination der störenden Einflüsse (Kühl, Strodtholz und Taffertshofer, 2009, S. 534). Die Probanden werden in zwei vergleichbare Gruppen unterteilt, die Versuchsgruppe und die Kontrollgruppe (Myers, 2014, S. 33). Durch dieses zufällige Zuteilen wird eine statistische Vergleichbarkeit der Probanden bezüglich aller möglichen Störvariablen bewirkt. Die Ergebnisse des Experiments können außerdem reproduziert werden (Lamnek & Krell, 2016, S. 27). Voraussetzend hierfür ist jedoch, dass eine möglichst umfangreiche Stichprobe erhoben wird, ansonsten könnte sich zufällig ein gegenteiliger Effekt einstellen (Albers, Klappler, Konradt, Walter und Wolf, 2009, S. 79).

Diese genannten Merkmale eines Experiments beschreiben den Idealfall, das **Laborexperiment**. Bei diesem garantiert die Randomisierung und das aktive Manipulieren der UV eine Kontrolle der Störvariablen, wodurch der Erkenntnisgewinn maximiert wird. Außer dem Experiment zählen zu den experimentell-psychologischen Forschungsmethoden noch das Quasi-Experiment und das Feldexperiment (Kühl et al., 2009, S. 535).

Das **Quasi-Experiment** sieht keine Randomisierung vor, sondern die Zuteilung der Probanden erfolgt präferiert, oder es werden bereits vorhandene Gruppen (z.B Schulklassen) verwendet. Dadurch ist es nur bedingt möglich, Kausalhypothesen zu prüfen. Im Quasi-Experiment wird auch die UV variiert, indem die Gruppen systematisch verschieden behandelt werden. Die in der Experimentalgruppe entstehenden Effekte auf die AV werden gemessen (Döring & Bortz, 2016, S. 193). In der Evaluationsforschung ist eine Randomisierung von Probanden oft nicht möglich, da die Bewertung von Interventionsmaßnahmen häufig unter Feldbedingungen stattfinden. Die fehlende Randomisierung geht damit einher, dass Störvariablen nicht statistisch äquivalent verteilt werden können, wodurch die interne Validität geringer ist (Renner et al., 2012, S. 73).

Ein **Feldexperiment** findet in einer natürlichen bzw. wenig kontrollierbaren Umgebung statt, wodurch die experimentellen Bedingungen der alltäglichen Umgebung ähneln. Durch die natürliche Umgebung ist es nur bedingt möglich, Störvariablen zu kontrollieren, wodurch sich eine Kausalinterpretation als schwierig erweist (Döring et al., 2016, S. 205–206). Das folgende Beispiel soll das Feldexperiment verdeutlichen.

Werbung zielt darauf ab, den Konsumenten zur Auswahl und Kauf des Produkts anzuregen. Des Weiteren verfolgt Werbung auch stets das Ziel, das zu verkaufende Produkt wiederholt zu präsentieren. Forscher konnten zeigen, dass ein Reiz positiver bewertet wird, wenn dieser Reiz mehrmals dargeboten wird. Dies wird als *Mere-Exposure*-Effekt bezeichnet und lässt sich kognitionspsychologisch durch das implizite Gedächtnis erklären. Der Reiz wird positiver bewertet, wenn er wiederholt wahrgenommen wird und dadurch müheloser verarbeitet werden kann (Renner et al., 2012, S. 68–69). Blüher und Pahl (2007) vollzogen aufgrund dieses Gedankens ein Feldexperiment, in welchem eine Unterschiedshypothese geprüft wurde: „Unterscheidet sich die Wahl bzw. Präferenz für eine der beiden Bonbon-Sorten in den verschiedenen

Gruppen?" (Renner et al., 2012, S. 71). Sie zeigten 75 Probanden eine Mappe, welche Sehenswürdigkeiten von Erlangen darstellte. Die Probanden sollten die Sehenswürdigkeiten benennen. Bei einigen der Probanden waren auf einigen Bildern der Mappe versteckte Plakate, welche Werbung von Zitronenbonbons (UV) oder Pfefferminzbonbons (UV) zeigten. Durch die versteckten Plakate wurde die Werbung nur unterschwellig präsentiert, wodurch es zu einer impliziten Informationsverarbeitung kam. Die Kontrollgruppe erhielt keine Werbung. Die UV besteht also in der „Nicht-Darbietung von Werbung (optischer Reiz)" (Renner et al., 2012, S. 70). Nachdem die Mappen präsentiert wurden, bekam jeder Proband entweder ein Zitronen- oder ein Pfefferminzbonbon als Dank angeboten. Probanden, bei welchen die Mappe mit Pfefferminzbonbon-Werbung versehen war, wählten bedeutend häufiger ein Pfefferminzbonbon als solche, welche die

Werbung für das Zitronenbonbon, oder gar keine Werbung, dargeboten bekamen (Blüher & Pahl, 2007, S. 209–215). Hierbei war die AV, wie häufig entweder ein Zitronen- oder Pfefferminzbonbon gewählt wurde (Renner et al., 2012, S. 70–71).

Ein Experiment durchzuführen ist hinsichtlich der Durchführung, Kontrollierung und Datenerhebung im Vergleich zu einer Befragung oder Beobachtung sehr aufwendig. Der Vorteil besteht jedoch darin, dass eine genaue Bestimmung der Ursache und der Wirkung möglich ist. Die Möglichkeit zur Kausalinterpretation bietet keine andere psychologische Methode in diesem Ausmaß (Hussy et al., 2013, S. 144). Befragungen oder Beobachtungen ermöglichen lediglich die Feststellung der Korrelation zweier Variablen. Zum Beispiel lässt sich beobachten, dass die gegenseitige Sympathie zwischen Burschenschaftlern stark ausgeprägt ist, wenn die Burschenschaften grausame Initiationsriten haben. Nun lässt sich nicht mit Bestimmtheit sagen, dass die Brutalitäten die Sympathie hervorrufen. Der Forscher ist erst im Laborexperiment dazu fähig, zu bestimmen, was ursächlich ist, da der Faktor *Brutalität* von ihm selbst initiiert wird (Kühl et al., 2009, S. 550– 551).

Des Weiteren ist ein Experiment vorteilig, da der Experimentator die Kontrolle über die (Stör-)Einflüsse hat, wodurch die interne Validität hoch ist. Effekte wie Motivation, Zufriedenheit oder Arbeitsmoral lassen sich zwar mithilfe einer Befragung oder Beobachtung messen, jedoch ist es schwierig zu bestimmen, welcher Beeinflussung diese Effekte unterliegen. Im Laborexperiment sind alle Störvariablen unter Kontrolle, wodurch die Effekte sich auf eine einzige, manipulierte Variable zurückführen lassen (Kühl et al., 2009, S. 551).

Ein großer Nachteil an der experimentellen Methode besteht darin, dass die hergestellten Situationen aufgrund ihrer erzeugten Künstlichkeit nicht repräsentativ sind, was die externe Validität einschränkt. In diesem Zusammenhang wird von ökologischer Validität gesprochen. Diese beschreibt, inwiefern die Laborsituation auf die Alltagsrealität übertragen werden kann (Döring et al., 2016, S. 206). Es ist unwahrscheinlich, dass die manipulierten Variablen auch in unserem Alltag genauso auftreten, wie in der Laborsituation. Außerdem stellt die Laborsituation an sich schon eine künstliche Situation dar, wodurch sich Menschen im Labor wahrscheinlich anders verhalten als in ihrem heimischen Wohnzimmer, da ihnen die Künstlichkeit der Situation bewusst ist. Die Erkenntnisse einer Feldstudie und eines Feldexperiments lassen sich leichter generalisieren, da sie in einer alltagsnäheren

Umgebung stattfinden (Hussy et al., 2013, S. 138). Die Befragung ermöglicht hier (besonders bei der schriftlichen- oder Internetbefragung) den Vorteil, dass sie in keinem sozialen Umfeld stattfindet, wodurch weniger Verzerrungen auftreten. Des Weiteren lassen sich mithilfe einer Befragung nicht nur objektive Gegebenheiten feststellen, sondern auch das innere Geschehen der Probanden (zum Beispiel ihre Emotionen) lässt sich gut erfassen (Hussy et al., 2013, S. 57).

2 Aufgabe C2

2.1 Bildgebende Verfahren

Bildgebende Verfahren zählen zu den Methoden zur Messung der menschlichen Gehirnaktivität und ergänzen die Methodik der Biologischen Psychologie. Ganz ohne chirurgische Eingriffe erlauben bildgebende Verfahren Einblicke in die Bereiche des Kortex und subkortikaler Hirnareale. Typische bildgebende Verfahren sind: **Computertomographie** (CT), **Magnetresonanztomographie** (MRT), funktionelle **Magnetresonanztomographie** (fmRT), **PositronenEmissionsTomographie** (PET), **Elektroenzephalographie** (EEG), **Magnetenzephalographie** (MEG) (Birbaumer & Schmidt, 2010, S. 6). Es lässt sich zwischen drei Arten von Verfahren unterscheiden: Die strukturabbildenden Verfahren, welche z.B die Anordnung der Neuronenverbände, die arterielle und venöse Versorgung des Gehirns und die Liquorräume darstellen. Bei funktionellen/metabolischen Verfahren werden z.B neurochemische Prozesse oder der Blutfluss dargestellt. Mithilfe von elektrophysiologischen Verfahren werden die elektrischen Signale von Neuronen registriert (Schandry, 2016, S. 529).

Durch bildgebende Verfahren wurden die experimentellen Möglichkeiten enorm verbessert. Durch diese Methoden ist nun bekannt, in welchen Arealen das menschliche Erleben (Emotion, Gedächtnis, Wahrnehmung et cetera.) stattfindet. Außerdem kann die Wirkung von psychotherapeutischen Interventionen und Behandlungen mit Placebos nachgewiesen werden, indem die hirnfunktionellen Veränderungen festgestellt werden (Lautenbacher & Gauggel, 2010, S. 16).

Durch Godfrey Hounsfield begann 1970 das „Zeitalter der systematischen, routinemäßigen Erfassung des Schädelinneren" (Pritzel, Brand und Markowitsch, 2009, S. 118). Als die CT immer populärer wurde, erlebte die Hirnforschung einen Aufschwung. Die CT nutzt dieselbe Technik wie klassische Röntgenverfahren, wohingegen die Auflösung der CT weitaus höher ist (Schandry, 2016, S. 529).

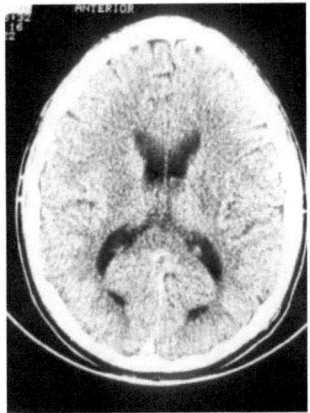

Abbildung 1: CT-Schnitt in Höhe der Ventrikelebene

Quelle: (Lehrner, Pusswald, Fertl, Strubreither und Krypsin-Exner, 2010, S. 241).

Ein Röntgenstrahl tastet eine transversale (schräge) Körperscheibe aus verschiedenen Raumrichtungen ab (Lautenbacher et al., 2010, S. 93).

Anschließend nverarbeitet die Datennachbearbeitung das Strahlenabsorptionsprofil zu einem Grautonbild. Hintereinander gelegene Strukturen im Körper können so durch die CT ohne Überlagerungen dargestellt werden. Dies ermöglicht eine Untersuchung der Hirnmorphologie, Fehlbildungen oder Anlagestörungen. Zudem erfolgt eine Beurteilung der Dichte des Hirnparenchyms. Pathologisch veränderte Hirnareale können so erkannt werden (Lehrner et al., 2010, S. 240–243). So konnte bei einer Subgruppe von schizophrenen Patienten festgestellt werden, dass das Ventrikelsystem vergrößert war (Lautenbacher et al., 2010, S. 93).

Des Weiteren werden die inneren und äußeren Liquorräume hinsichtlich ihrer Beschaffenheit beurteilt, Atrophien und Schwellungen können leicht erkannt werden. Mithilfe der CT lassen sich besonders gut Knochenstrukturen darstellen, weshalb traumatische knöcherne Abwandlungen sehr gut feststellbar sind. Außerdem ist es leicht möglich, akute intrakranielle Blutungen festzustellen (Lehrner et al., 2010, S. 240–243). Nachteilig ist, dass der Patient bzw. Proband ionisierender Röntgenstrahlung ausgesetzt ist und, dass häufig ein Kontrastmittel injiziert werden muss (Schandry, 2016, S. 530).

Die MRT erstellt, genau wie die CT, Querschnittsbilder. Die MRT ist jedoch in vielerlei Hinsicht vorteilig gegenüber der CT, denn sie erfordert keine radioaktive Belastung und kein Kontrastmittel. Des Weiteren sind die Schnittebenen in allen Richtungen frei wählbar, statt nur senkrecht wie bei der CT. Zudem sind die erstellten Bilder hochauflösender (Schandry, 2016, S. 530).

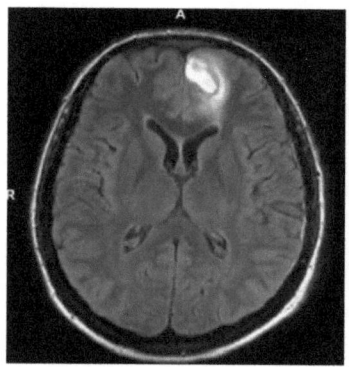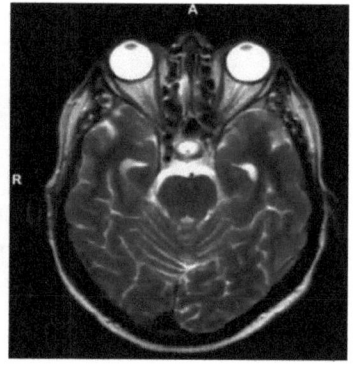

Abbildung 2: MRT-Bild der Hirnmorphologie
Quelle: (Pritzel et al., 2009, S. 119).

Bei Patienten mit einer posttraumatischen Belastungsstörung (PTBS) konnte mittels der MRT nachgewiesen werden, dass das Volumen des Hippocampus reduziert war. PTBS-Betroffene leiden häufig unter Erinnerungsproblemen und haben Schwierigkeiten, das traumatische Erlebnis wiederzugeben.

Der Hippocampus spielt eine signifikante Rolle im Erinnern und dem emotionalen Erleben, weshalb es naheliegt, dass sich ein Teil der PTSB-Symptomatik auf den Hippocampus zurückführen lässt (Lautenbacher et al., 2010, S. 254).

2.3 Metabolische Methoden

Die **PET** gilt als invasive Methode, welche es ermöglicht, das gesamte Gehirn darzustellen (Pritzel et al., 2009, S. 122). Dabei wird ein Tracer, welcher radioaktiv ist, in das Blut injiziert (Thomas Goschke, 2013). Energieemissionen, welche auftreten, wenn Positronen zerfallen, werden von der PET registriert (Schandry, 2016, S. 533). Beim Denken weisen Neuronenverbände eine erhöhte Aktivität auf, welche die Stoffwechselaktivität der Neurone erhöht. Daraufhin werden vermehrt Zwischen- oder Stoffwechselendprodukte freigesetzt (z.B Milchsäure). Die Hirngefäße werden durch diese Stoffwechselprodukte erweitert und dadurch steigt die Durchblutung. Die PET kann dies als Hirnaktivität sichtbar machen (Birbaumer et al., 2010, S. 26). Die PET wird hauptsächlich für die Untersuchung von Neurotransmitterwechselwirkungen verwendet (z.B bei intensiver Konzentration die Dopaminausschüttung) (Karnath & Thier, 2012, S. 10). Des Weiteren lassen sich damit Proteine identifizieren, an welche sich die radioaktiven Markersubstanzen anlagern (Schandry, 2016, S. 535). Beispielsweise lassen sich die Isotope an andere Substanzen binden (z.B Pharmaka), welche sich sodann in dem spezifischen Gehirnareal anreichern, wodurch die Wirksamkeit von therapeutischen Interventionen beurteilt werden kann. Um die Dichte von Dopaminrezeptoren zu untersuchen, können Tracer verwendet werden, welche sich an die Rezeptoren von Zellmembranen anlagern. Diese Technik wird in der Forschung sehr oft angewandt, um Parkinson oder Schizophrenie zu untersuchen (Schandry, 2016, S. 533–534). Außerdem ist es möglich, eventuelle Hirnschäden bei Patienten schon in einem frühen Stadium zu entdecken. Auch Patienten, welche degenerative Erkrankungen aufweisen (z.B Morbus Alzheimer) und dadurch strukturelle Veränderung in den Hirnarealen aufweisen, können mithilfe der PET erforscht werden (Pritzel et al., 2009, S. 124).

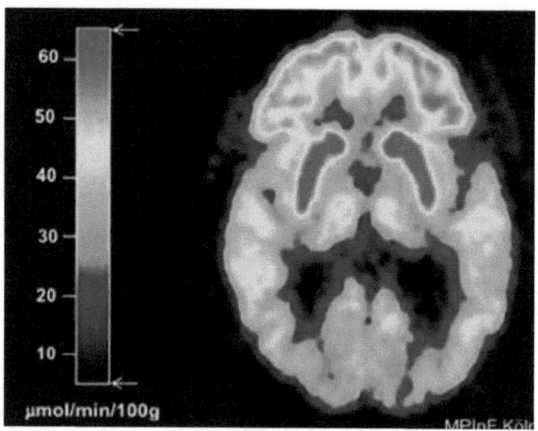

Abbildung 3: PET-Bild von einem Patienten mit Lewy-Körperchen Demenz
Die unterschiedlichen Farbabstufungen veranschaulichen die verschiedenen Stoffwechselraten.
Quelle: (Pritzel et al., 2009, S. 123).

Als Nachteil erweist sich der hohe Technikaufwand und die Tatsache, dass radioaktive Substanzen in den Organismus injiziert werden müssen.

Das **fMRT**, welches eine nicht-invasive Magnetresonanztechnik nutzt, ermöglicht es, aktive Hirnareale darzustellen (Karnath et al., 2012, S. 10). Dadurch liegt nicht nur ein Bild des Gehirns vor, vielmehr sind auch dessen wechselnde, funktionelle Zustände ersichtlich (Schandry, 2016, S. 531). Das fMRT ermöglicht, ähnlich wie die PET, eine sehr genaue Messung der Blutflussverteilung im Gehirn (Pritzel et al., 2009, S. 125). Es wird eine Durchblutungssteigerung in Hirnarealen detektiert, welche durch eine Konzentrationszunahme von sauerstoffhaltigem Hämoglobin bedingt ist. Dies wird auch als *BOLD* (Blood-Oxygen-Level-Dependent) bezeichnet. Somit indizieren BOLD-Signalabnahmen
Durchblutungsminderungen (Lehrner et al., 2010, S. 274–280).

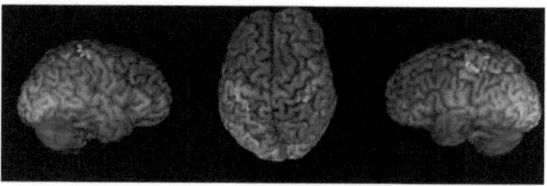

Abbildung 4: fMRT-Bild. Aktive Hirnregionen bei Faustschlussbewegungen
Quelle (Lehrner et al., 2010, S. 287).

Früher wurde davon ausgegangen, Durchblutungsminderungen würden nur neuronale Deaktivierungen anzeigen, wohingegen heute Forschungen darauf hinweisen, dass diese auch eine neuronale Aktivierung anzuzeigen vermögen. Das BOLD fMRT ermöglicht eine indirekte Untersuchung aller neuronaler Aktivierungen und Deaktivierungen, sofern diese auf eine Änderung der Durchblutung zurückzuführen sind. Darunter fallen Änderungen des Zustands, welche durch externe Stimuli (z.B visuelle oder olfaktorische) hervorgerufen werden, aber auch solche, welche nicht primär durch einen externen Stimulus ausgelöst werden (z.B kognitive Aktivität oder Änderung der Aufmerksamkeit). Die Hauptanwendung des fMRTS in der klinischen Neuropsychologie findet sich hinsichtlich prächirugischer Lokalisation von Hirnrindengebieten bei Epilepsie und Raumforderungen des Gehirns sowie bei der Lokalisation von Sprach- und Gedächtnisfunktionen (Lehrner et al., 2010, S. 274–285). Konträr zum PET ist das fMRT frei von radioaktiver Belastung und die Messung erfolgt schneller. Nachteilig ist jedoch, dass das fMRT empfindlicher ist als die PET, Knochen- und Hohlräume stören das Gesamtbild des Gehirns und auch Kopfbewegungen der Patienten bzw. Probanden bewirken häufiger Störbilder (Pritzel et al., 2009, S. 125)

Da metabolische Prozesse recht langsam vonstattengehen, ist die zeitliche Auflösung von PET und fMRT schlechter als die von EEG oder MEG, die räumliche Auflösung hingegen ist bei den metabolischen Verfahren sehr gut (Thomas Goschke, 2013).

2.4 Elektrophysiologische Methoden

Das **EEG** zeichnet gehirnelektrische Vorgänge an der Oberfläche des Schädels ab. Die Grundlage dafür besteht in elektrochemischen Vorgängen und den daraus resultierenden Membranpotentialen. Das entstehende Signal wird in die darin vorkommenden Frequenzen mithilfe von frequenzanalytischen Auswertungen zerlegt, woraus sich die typischen EEG-Rhythmen ergeben (Lehrner et al., 2010, S. 51). Alphawellen werden mit Entspannung und Gedächtnisvorgängen in Verbindung gebracht. Der Beta-Rhythmus dominiert in einem konzentrierten Wachzustand (Schröger, 2010, S. 51). Theta- oder DeltaWellen treten im Tiefschlaf oder bei pathologischen Veränderungen auf (Birbaumer et al., 2010, S. 469).

Alphatätigkeit
(8–13 Hz)

Betatätigkeit
(13.5–30 Hz)

Thetatätigkeit
(3.5–7.5 Hz)

Deltatätigkeit
(0.5–3.5 Hz)

Abbildung 5: EEG-Ableitung
Quelle: (Lehrner et al., 2010, S. 186).

In der Psychophysiologie liegt der Fokus auf der Analyse der zerebralen Aktivierung, welche im Zusammenhang mit z.B Sprachentwicklung, Aufmerksamkeitsprozessen, Änderung von Bewusstseinszuständen, Reizverarbeitung (inklusive Schmerzreizverarbeitung) und Gedächtnis- und Lernprozesse stattfindet (Schandry, 2016, S. 516). Die Ableitungen des EEG sind Routine in psychologischen Instituten und in jeder Klinik, da es diagnostisch einen hohen Stellenwert aufweist (z.B bei Schlafstörungen oder Elipsie, Morbus Alzheimer oder die Feststellung vom Hirntod) (Schröger, 2010, S. 51).

Bei den EEG-Ableitungen lassen sich nicht die genauen neuroanatomischen Orte feststellen, da verschiedene Messinstrumente und Bedingungen zu den Kennwerten der Potentiale beitragen. Die **MEG** stellt hierbei ein besseres Verfahren dar und gilt als eine der wichtigsten Methoden, um zu erforschen, wie das Verhalten und das Gehirn beim Menschen zusammenhängen. Vom Gehirn werden schwache magnetische Felder generiert, welche nachgewiesen werden können, wenn hochempfindliche Detektoren (SQUIDs) 10-15mm von der Schädeldecke entfernt angebracht werden. Das MEG erlaubt Ableitungen des gesamten Cortex (Karnath & Thier, 2006, S. 24).

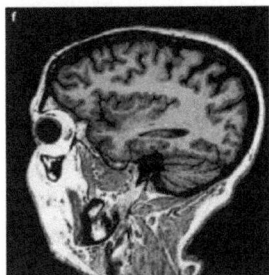

Abbildung 6: MEG-Bild
Quelle: (Birbaumer et al., 2010, S. 473).

Verglichen mit den metabolischen Verfahren PET und fMRT weisen das EEG und MEG eine höhere zeitliche Auflösung auf, welche im Millisekundenbereich liegt. Nachteilig ist die geringe räumliche Auflösung beider Verfahren. Des Weiteren erfordert das MEG einen hohen technischen Aufwand und ist störanfälliger, als das konventionelle EEG (Pritzel et al., 2009, S. 116).

3 Aufgabe C3

3.1 Digitalisierung und das menschliche Erleben und Verhalten

Digitalisierung meint die digitale Umwandlung und Darstellung von vorherig analogen Inhalten. Aufgrund der fortschreitenden Digitalisierung kommt es zu immer schnelleren, massiven Neuerungen (Bendel, 2018). Digitale Technologien werden zunehmend in allen Bereichen des menschlichen Lebens eingesetzt, wodurch bisher etablierte Strukturen disruptiv verändert werden und folglich das menschliche Erleben und Verhalten beeinflusst wird. Die *Digitale Psychologie* befasst sich damit, das menschliche Erleben im Zusammenhang mit der Digitalisierung zu beschreiben, erklären und vorherzusagen. Als ein Spezialgebiet der Psychologie verknüpft die digitale Psychologie angewandte Teildisziplinen, wie die Allgemeine Psychologie (mit Wahrnehmung und Emotionen), die Persönlichkeitspsychologie (mit dem individuellen Nutzen von digitalen Medien) und die Sozialpsychologie (mit kollektiven Reaktionen auf Internetphänomene) (Metz & Spies, 2020, S. 12). Die *Medienpsychologie* beschäftigt sich ebenfalls mit den Auswirkungen der digitalen Wende, da besonders digitale Medien, wie Facebook oder Instagram, im alltäglichen und gesellschaftlichen Leben präsenter denn je geworden sind (Trepte, Reinecke, Leplow und Selg, 2013, S. 14).

3.1.1 Arbeitswelt

Disruptive Technologien verändern die Arbeitswelt in einer rasanten Weise. Zu nennen sind hierbei beispielsweise das Internet der Dinge, 3D-Druck oder künstliche Intelligenz. In diesem Zusammenhang steht die *Industrie 4.0*, welche vor allem für Automatisierung und Individualisierung steht. Die Implementierung dieser Technologien fordert den Menschen heraus, neue Kompetenzen auszubilden. Der Mensch muss über die Kompetenz verfügen, mit den neuen Technologien umzugehen und diese steuern zu können. Des Weiteren erfordert die Digitalisierung neue Sozial- und Selbstkompetenzen. Aufgrund der

Digitalisierung und der resultierenden Automatisierung wird die Arbeit, welche der Mensch verrichtet, intensiver und anspruchsvoller. Hinzu kommen die zunehmende Vernetzung sowie vermehrte virtuelle Kommunikation (statt persönlicher Kommunikation) unter Arbeitenden. Die virtuelle Kommunikation kann die Aufmerksamkeit vieler Arbeitender herausfordern. Wird z.B ein Smartphone am Arbeitsplatz verwendet, um zügig auf E-Mails zu reagieren und in ständigem Kontakt mit Mitarbeitern zu sein, sorgt dies für Unterbrechungen der Arbeitstätigkeit und mindert die Phasen von Konzentration. Dies kann zur emotionalen und kognitiven Überforderung von Arbeitenden führen. Deshalb ist es wichtig, die entsprechenden Kompetenzen für den Umgang mit der Digitalisierung auszubilden und zu fördern (z.B Medienkompetenz, Planungs- und Organisationsfähigkeit) (Kauffeld & Maier, 2020, S. 255–256).

Die Mensch-Maschine-Interaktion nimmt zunehmend andere Formen an. Die menschliche Arbeitstätigkeit wird nicht nur durch Roboter ersetzt. In vielen Bereichen arbeitet der Mensch zusammen mit Robotern, wodurch der Roboter zu einem Arbeitskollegen wird. Dies verändert für Arbeitende die sinnliche Beziehung zu ihrer Arbeitstätigkeit (Kauffeld et al., 2020, S. 255). Roboter können den Menschen im Arbeitsprozess unterstützen, indem sie als Assistenzsystem fungieren. Der Roboter kann so kognitive und physische Belastungen für den Menschen verringern, indem er z.B gefährliche Tätigkeiten ausführt. Dies führt zu einer Verbesserung der Arbeitsergonomie (Gerdenitsch & Korunka, 2019, S. 44).

Im Zuge der Industrie 4.0 werden vor allem routinierte Arbeitsfelder wegfallen. Hierbei besteht die Gefahr, dass sich die Wahrnehmung des Menschen bezüglich seiner Tätigkeit verändert. Wird die eigene Arbeit als bedeutsam wahrgenommen, steigert dies in der Regel die Arbeitsmotivation. Es ist demnach fraglich, ob ein Individuum seine Tätigkeit als bedeutsam ansehen kann, wenn diese als ersetzbar gilt (Werther & Bruckner, 2018, S. 53). Die Digitalisierung erfordert also lebenslanges Lernen. Dies kann als Chance begriffen werden, um individuelle Berufszweige einzuschlagen. Neue Geschäftsmodelle ermöglichen Arbeitenden Entwicklungsmöglichkeiten. Die Innovation kann durch den aufkommenden individuellen Erfindergeist gestärkt werden. Mitarbeiter sollten zu mehr Selbstverantwortung angeregt werden, sodass diese ihre Kreativität bewusst einsetzen, um neue, ungewöhnliche Ideen auszuprobieren (Süss & Negri, 2019, S. 71–72).

Die Digitalisierung verschiebt die Informations- zu einer Wissensgesellschaft. Dies macht sich auch im Konsumverhalten bemerkbar. Die Customer Journey, der Prozess, welcher ein Konsument durchläuft, bevor er sich zum Kauf entscheidet, wird durch die Digitalisierung maßgeblich verändert. Bei der ersten Phase dieses Prozesses, der Problemerkennung, werden immer individuellere Werbemittel eingesetzt. In Konsumenten können so neue, präzisere Bedürfnisse geweckt werden (Kahlenborn et al., S. 15). Das Internet ermöglicht Werbung, welche auf punktgenaue Zielgruppen ausgerichtet werden kann. Diese Form von Werbung wird *Targeting* genannt. Dabei ist unter anderem ein kontextbezogenes Targeting möglich. Beispielsweise werden Personen, welche sich mit Themen rund um den Haushalt beschäftigen, in die Zielgruppe für Haushaltsprodukte eingeordnet. Des Weiteren ist ein verhaltensbezogenes Targeting möglich. Dieses basiert auf dem Suchverlauf oder welche Webseiten bzw. Inhalte angeklickt wurden. Der Konsument möchte z.B einen neuen Herd kaufen. Er recherchiert hierfür im Internet mehrere Tage. Nach einiger Zeit werden ihm immer passendere Herde angezeigt und er findet sogar ein passendes Produkt, woraufhin der Konsument dieses erwirbt. Die Suchzeit hat sich durch das Targeting für den Konsumenten somit äußerst reduziert (Fichter, 2018, S. 118). Phase 2, die Informationssuche, ist geprägt durch das Vertrauen des Konsumentens auf digitale Quellen. Das Internet ermöglicht es, sich umfassend mit Produkten und Dienstleistungen zu befassen. Die Transparenz der Güter- und Dienstleitungseigenschaftensteigt durch z.B Produkttester oder Vergleichsportale. Der Konsument kann infolge der dritten Phase mögliche Alternativen erfassen und bewerten. Dies erfolgt entweder durch Algorithmen oder durch Bewertungen, welche andere Konsumenten verfasst haben. Die Kaufentscheidung (Phase 4) wird durch das Internet der Dinge teilweise vollständig übernommen. In diesem Zusammenhang wird von Smart Services/Devices gesprochen (z.B ein Drucker, welcher selbstständig neue Druckerpatronen bestellt, wenn die Tinte fast leer ist). Die Phase 5, der Bezahlvorgang, erfolgt mittlerweile beinahe vollständig digital (z.B über Paypal oder Mobile Wallet). Beim Einkaufen in einem Supermarkt muss der Konsument nicht mehr darauf achten, genügend Bargeld mit sich zu führen. Der Einkauf kann mittels Girocard getätigt werden. Interneteinkäufe verlaufen gänzlich, ohne dass der

Konsument einen physischen Markt aufsuchen muss. Das Smartphone erhöht die Verfügbarkeit von Gütern, es ermöglicht einen orts- und zeitungebundenen Erwerb (Kahlenborn et al., S. 15–20).

3.1.3 Bildung

Digitale Medien in Bildungseinrichtungen sind auf zwei Weisen nützlich. Mithilfe von verschiedenen Medien (wie Computer oder Internet) können Lehrplaninhalte multimedial und interaktiv dargeboten werden und ergänzend sowie vernetzend präsentiert werden. Es lässt sich bei Schülern beobachten, dass Motivation und Aufmerksamkeit steigen, wenn im Unterricht digitale Medien verwendet werden.

Die Schüler sollen sich so intensiver mit den Lerninhalten auseinandersetzen.

Zudem ist in Zeiten der Digitalisierung Medienkompetenz von großer Bedeutung. Müssen sich Schüler mit Medien in der Schule auseinandersetzen, fördert dies ihren Umgang mit Medien, welcher in der Gesellschaft immer wichtiger wird (Wild & Möller, 2015, S. 138). Des Weiteren soll die Problemlösekompetenz gesteigert werden. Die Förderung von individuellen Lernbedingungen kann durch adaptive Lernprogramme ergänzt werden (Gorr & Bauer, 2019, S. 54). *Gamification* gilt als eine neue Lernmethode. Gamification meint Bildung, welche mit spielerischen Elementen angereichert wird. Diese soll die Lerneffizienz, die Motivation und das Engagement verstärken (Ternès von Hattburg, 2020, S. 13). Durch das Ansprechen vieler Sinne und die gesteigerte Motivation der Lernenden ist die neuronale Verarbeitung intensiver, wodurch die Informationsspeicherung tiefer ist (Gorr et al., 2019, S. 54). Beispielsweise soll die Leseplattform für Kinder „Antolin" die Motivation mehr zu lesen steigern. Hierbei werden Fragen zum Textverständnis am Ende über den gelesenen Text gestellt, welche vom Kind am Computer oder Tablet beantwortet werden können. Die Freude am Lesen soll gefördert werden, indem das Verlangen eines Kindes nach dem digitalen Medium dazu genutzt wird, die Fragen zum Text zu beantworten (Haese, 2020, S. 54). Fähigkeiten wie das Lesen oder das Schreiben sollten jedoch per Papier und Stift eingeübt werden, denn Kindergartenkinder können sich durch das spielerische Schreiben von Hand die Buchstaben besser einprägen, als diese per Tastatur einzutippen. Die Begründung dafür ist, dass beim Schreiben zwölf

Gehirnareale aktiv sind. Darunter sind auch Areale, welche für motorische Prozesse und die Verarbeitung von Sprache zuständig sind. Besonders diese Areale sind für das Erkennen von Worten und Buchstaben zuständig, was für das Lesen bedeutsam ist. Beim Tippen auf der Tastatur macht es keinen Unterschied, welcher Buchstabe getippt wird (Gorr et al., 2019, S. 58–60).

3.1.4 Kommunikation und soziale Beziehungen

Kommunikation bedeutet, Informationen zwischen Menschen mithilfe von z.B Gestik, Mimik oder Sprache zu übertragen. Dies geschieht über verschiedene Kommunikationskanäle (z.B akustisch, optisch, Individualmedien oder Massenmedien). Die Digitalisierung ermöglicht eine computervermittelte Kommunikation (CvK). Unter CvK wird ein Prozess verstanden, welcher es Personen ermöglicht, Informationen mithilfe eines Computers zu erstellen, auszutauschen und zu empfangen. Dabei wird angenommen, dass Hinweisreize reduziert sind oder andere bzw. weniger Kommunikationskanäle genutzt werden können, als in einer faceto-face-Kommunikation (Trepte et al., 2013, S. 159). Beispielsweise fehlen nonverbale Hinweisreize, wodurch es dem Empfänger erschwert wird, die Nachricht einzuschätzen. Emoticons oder Satzzeichen gelten als Möglichkeiten, fehlende Hinweisreize zu ersetzen (Gerdenitsch et al., 2019, S. 29–30).

Facebook, Instagram und Google sind fester Bestandteil des Lebens vieler Menschen geworden. Der Mensch gilt als ein soziales Lebewesen. Das grundlegende Urbedürfnis nach sozialer Interaktion kann durch die sozialen Netzwerke befriedigt werden. Soziale Netzwerke ermöglichen es, Beziehungen aufrechtzuerhalten. Bei Einsamkeit können diese Zuwendung vermitteln. Ein Problem entwickelt sich dann, wenn reale Beziehungen aufgrund von digitalen Beziehungen vernachlässigt werden (Montag, 2018, S. 28). Durch die Möglichkeit zur Anonymität im Internet kommt es zu dem Effekt, dass das Individuum weniger Kontrolle über sein Verhalten ausübt und sich dadurch weniger um ein angemessenes Sozialverhalten bemüht. Verschiedene Studien von Roy Pea und Ryota Kanai zeigten, dass sich Gehirnreale, welche für das Sozialverhalten zuständig sind, nicht normal entwickeln können, wenn ein Mensch den Großteil seiner sozialen Kontakte im Internet knüpft und pflegt (Spitzer, 2014, S. 133). In vielen Familien hat die digitale Welt in das Wohnzimmer eingefunden. Jedes

Familienmitglied beschäftigt sich in seiner eigenen digitalen Welt mit unterschiedlichen Inhalten. Die Kommunikation zwischen Familienmitgliedern leidet häufig darunter. Besonders bei gemeinsamen Essen wird das Smartphone häufig von Kindern oder den Eltern genutzt. Dies ist besonders problematisch im Hinblick auf die Vorbildfunktion von Eltern. Kinder imitieren oft das Verhalten der Eltern und übernehmen es schließlich (Montag, 2018, S. 29–30).

3.1.5 Kindliche Entwicklung

Werden Babys oder Kleinkindern DVDs zum Lernen vorgespielt, wirkt sich dies negativ auf die kognitiven Fähigkeiten aus. Die Sprachentwicklung kann durch tägliches Vorlesen positiv beeinflusst werden, werden jedoch DVDs zum Lernen verwendet, lässt sich kein positiver Lerneffekt ausmachen, das Sprachvermögen wird gar negativ beeinflusst. Amerikanische Studien von 2011 zeigten, dass die Bildschirmzeit von Kindergartenkindern mehr als 2,2 Stunden am Tag beträgt. Andere zahlen rechneten gar mit 4,5 Stunden täglich (Haese, 2020, S. 45–46). Ein hoher Fernsehkonsum kann die soziale und emotionale Entwicklung sowie die Sprach- und Lesefähigkeiten stören (Wild et al., 2015, S. 145). Nutzen Kinder im frühen Kindergartenalter den Computer, kann dies zu Aufmerksamkeitsstörungen und Lesestörungen führen. Es kommt jedoch auch zu einer stärkeren Ausbildung der visuellen Intelligenz. Die visuelle Intelligenz ist die Fähigkeit, Handlungen vom Auge ausgehend präzise ausführen zu können. Wie eine USStudie von Greenfield (2009) zeigt, weisen Ärzte, welche Videospieler sind, bessere Fähigkeiten zur Durchführung von Magenspiegelungen auf als Ärzte, welche keine Videospiele spielen. In den letzten Jahren ist die visuelle Intelligenz gestiegen, jedoch ist eine enorme Abnahme des physischen Lesens in der Freizeit zu sehen. Das Lesen aktiviert Gehirnareale, welche Kreativität und Fantasie ausbilden. Dementsprechend verkümmern diese Fähigkeiten. Haben Kinder schon im frühen Kindesalter die Gewohnheit, mehrere Stunden am Bildschirm zu verbringen, wird es für sie immer schwerer, den Zeitpunkt zu akzeptieren, an dem sie den Bildschirm abschalten müssen. Dementsprechend wächst ihr Protest dagegen.

Die 2017 veröffentlichte BLIKK-Studie zeigt außerdem, dass es einen Zusammenhang zwischen der Nutzungsdauer von digitalen Medien und dem BMI eines Kindes sowie dem Aktivitätsgrad gibt. Zudem weisen besonders Kinder im Alter von 8-14, welche vermehrt digitale Medien nutzen, Schlafstörungen auf (Büsching, 2017). Digitale Fürsorge wird somit immer wichtiger, um die schwerwiegenden Folgen abzumildern (Haese, 2020, S. 46–54).

4 Literaturverzeichnis

Albers, S.; Klappler, D.; Konradt, U.; Walter, A.; Wolf, J. (Hg.) (2009): *Methodik der empirischen Sozialforschung* (3. Auflage). Berlin, Heidelberg: Springer.

Assen, C. (2016): *Crash-Kurs Psychologie* (1. Auflage). Berlin, Heidelberg: Springer.

Bendel, O. (2018): *Definition: Digitalisierung.* In: *Springer Fachmedien Wiesbaden GmbH,* 19.02.2018. Online verfügbar unter https://wirtschaftslexikon.gabler.de/definition/digitalisierung-54195, zuletzt geprüft am 19.01.2021.

Birbaumer, N.-P. & Schmidt, R. F. (2010): *Biologische Psychologie* (7. Auflage). Heidelberg: Springer Medizin (Springer-Lehrbuch).

Blüher, R.; Pahl, S. (2007): *Der "Mere-Exposure"-Effekt und die Wahl von Produkten.* In: *Zeitschrift für Sozialpsychologie* 38 (3), S. 209–215. DOI: 10.1024/0044-3514.38.3.209.

Büsching, U. (2017): *BLIKK-Medien: Kinder und Jugendliche im Umgang mit elektronischen Medien.* Online verfügbar unter https://www.bundesgesundheitsministerium.de/fileadmin/Dateien/5_Publikatione n/Praevention/Berichte/Abschlussbericht_BLIKK_Medien.pdf.

Döring, N. & Bortz, J. (2016): *Forschungsmethoden und Evaluation in den Sozial- und Humanwissenschaften* (5. Auflage). Berlin, Heidelberg: Springer.

Eid, M.; Gollwitzer, M.; Schmitt, M. (Hg.) (2017): *Statistik und Forschungsmethoden* (5. Auflage). Basel: Julius Beltz GmbH & Co. KG.

Fichter, C. (2018): *Wirtschaftspsychologie für Bachelor* (1. Auflage). Berlin, Heidelberg: Springer.

Gerdenitsch, C. & Korunka, C. (2019): *Digitale Transformation der Arbeitswelt* (1. Auflage). Berlin, Heidelberg: Springer.

Gorr, C.; Bauer, M. C. (Hg.) (2019): *Gehirne unter Spannung* (1. Auflage). Berlin, Heidelberg: Springer.

Haese, I. (2020): *Smartphonekids* (1. Auflage). Berlin, Heidelberg: Springer.

Hecht, H. & Desnizza, W. (2012): *Psychologie als empirische Wissenschaft* (1. Auflage). Heidelberg: Spektrum Akademischer Verlag.

Huber, O. (2019): *Das psychologische Experiment* (7. Auflage): Hogrefe.

Hussy, W., Schreier, M., Echterhoff, G. (2013): *Forschungsmethoden in Psychologie und Sozialwissenschaften für Bachelor* (2. Auflage). Berlin, Heidelberg: Springer.

Kahlenborn; Walter; Keppner; Benno; Uhle; Christian et al.: *Die Zukunft im Blick: Konsum 4.0: Wie Digitalisierung den Konsum verändert.*

Karnath, H.-O. & Thier, P. (2006): *Neuropsychologie* (2. Auflage). Heidelberg: Springer (Springer-Lehrbuch).

Karnath, H.-O. & Thier, P. (2012): *Kognitive Neurowissenschaften* (2. Auflage). Berlin, Heidelberg: Springer.

Kauffeld, S.; Maier, G. W. (2020): *Schöne digitale Arbeitswelt – Chancen, Risiken und Herausforderungen.* In: *Gr Interakt Org* 51 (3), S. 255–258. DOI: 10.1007/s11612-020-00532-y.

Kühl, S.; Strodtholz, P.; Taffertshofer, A. (Hg.) (2009): *Handbuch Methoden der Organisationsforschung.* Quantitative und qualitative Methoden (1. Auflage). Wiesbaden: VS Verlag für Sozialwissenschaften. Online verfügbar unter http://www.socialnet.de/rezensionen/isbn.php?isbn=978-3-531-15827-3.

Lamnek, S. & Krell, C. (2016): *Qualitative Sozialforschung* (6. Auflage). Weinheim, Basel: Beltz.

Lautenbacher, S.; Gauggel, S. (Hg.) (2010): *Neuropsychologie psychischer Störungen* (2. Auflage). Berlin: Springer.

Lehrner, J., Pusswald, G., Fertl, E., Strubreither, W., Krypsin-Exner, I. (2010): *Klinische Neuropsychologie.* Grundlagen - Diagnostik - Rehabilitation (2. Auflage). Berlin: Springer.

Metz, M. & Spies, B. (2020): *Digitale Psychologie* (1. Auflage). Wiesbaden: Springer Fachmedien.

Montag, C. (2018): *Homo Digitalis* (1. Auflage). Wiesbaden: Springer Fachmedien.

Myers, D. G. (2014): *Psychologie* (3. Auflage). Berlin, Heidelberg: Springer.

Pritzel, M., Brand, M., Markowitsch, H. J. (2009): *Gehirn und Verhalten*. Ein Grundkurs der physiologischen Psychologie (1. Auflage). Heidelberg: Spektrum Akademischer Verlag.

Reiß, S. & Sarris, V. (2012): *Experimentelle Psychologie - Von der Theorie zur Praxis* (2. Auflage): Pearson Studium.

Renner, K.-H., Heydasch, T., Ströhlein, G. (2012): *Forschungsmethoden der Psychologie* (1. Auflage). Wiesbaden: VS Verlag für Sozialwissenschaften.

Schandry, R. (2016): *Biologische Psychologie* (4. Auflage). Basel: Beltz Verlag.

Schröger, E. (2010): *Biologische Psychologie* (1. Auflage). Wiesbaden: VS Verl. für Sozialwiss (Basiswissen Psychologie).

Spitzer, M. (2014): *Digitale Demenz*. Wie wir uns und unsere Kinder um den Verstand bringen (1. Auflage). München: Droemer (Knaur, 30056).

Süss, D. & Negri, C. (2019): *Angewandte Psychologie* (1. Auflage). Berlin, Heidelberg: Springer.

Ternès von Hattburg, A. (2020): *Digitalisierung als Chancengeber* (1. Auflage). Wiesbaden: Springer Fachmedien.

Thomas Goschke (2013): *Methoden der Kognitiven Neurowisesnschaft*. Kurze Einführung in die funktionelle Bildgebung. Technische Universität Dresden, Professur Allgemeine Psychologie. Online verfügbar unter https://tudresden.de/mn/psychologie/ifap/allgpsy/ressourcen/dateien/lehre/lehrevera nstal tungen/goschke_lehre/ss2013/folder-2013-04-15-9955666685/VL04-BildgebendeVerfahren.pdf?lang=de, zuletzt aktualisiert am 07.12.2020, zuletzt geprüft am
11.01.2021.

Trepte, S., Reinecke, L., Leplow, B., Selg, H. (2013): *Medienpsychologie* (1. Auflage). Stuttgart: Kohlhammer (Kohlhammer-Urban-Taschenbücher, 726).

Werther, S. & Bruckner, L. (2018): *Arbeit 4.0 aktiv gestalten* (1. Auflage). Berlin, Heidelberg: Springer.

Wild, E. & Möller, J. (2015): *Pädagogische Psychologie* (2. Auflage). Berlin, Heidelberg: Springer.